Un
de cuisinier

Béatrice M. Richet et Romi Caron

À PAS DE SOURIS
avec liens Internet

Merci à Agnès Huguet
et à Jean Bédard,
pour leur générosité.

À mon père,
pour le goût du bon

Moi, j'aime les mélanges de goûts
et de couleurs !

Pour mon repas, je prépare
un muffin aux bleuets...

Je le mange avec de la trempette
aux épinards !

Pour mon repas, je prépare
des carottes râpées...

Je les mange avec du lait
chocolaté !

Pour mon repas, je prépare
de la purée de brocoli…

Je la mange avec du maïs
soufflé !

Pour mon repas, je prépare
un gâteau aux bananes...

Je le mange avec des tranches
de concombre !

Pour mon repas, je prépare
un sandwich au jambon...

Je le mange avec du yogourt
à la vanille !

Pour mon repas, je prépare
des spaghettis à la tomate...

Je les mange avec des jujubes
à la fraise !

Je suis un drôle
de cuisinier !